Katharina Schumann

Wäre ich doch ein Junge geworden

Erfahrungen eines Mißbrauchsopfers

FRIELING

*Die Schreibweise in diesem Buch entspricht den Regeln
der alten Rechtschreibung.*

Bibliographische Information der Deutschen Nationalbibliothek
Die Deutsche Nationalbibliothek verzeichnet diese Publikation
in der Deutschen Nationalbibliographie; detaillierte bibliographische
Daten sind im Internet über http://dnb.d-nb.de abrufbar

© Frieling-Verlag Berlin
Eine Marke der Frieling & Huffmann GmbH
Rheinstraße 46 • D 12161 Berlin
Telefon: (0 30) 76 69 99-0
www.frieling.de

ISBN 978-3-8280-0203-6
1.–3. Auflage 1996–2008

ISBN 978-3-8280-2958-3
4. Auflage 2011

Umschlaggestaltung: Graphiti/Corel
Sämtliche Rechte vorbehalten
Printed in Germany

Zu diesem Buch

Katharina Schumann erzählt in *„Wäre ich doch ein Junge geworden"* das Märchen vom kleinen Vogel, der auszieht, seine Heimat zu finden. Eine Heimat, die ihm Schutz geben kann vor der Kälte der Welt. Doch erst einmal findet er eine Familie, Frau, zwei kleine Mädchen und ein Riese – der trunksüchtige Vater. Der kleine Vogel wird Zeuge eines brutalen und grausamen Prozesses. Eines Prozesses des wachsenden psychischen und physischen Terrors, des Kindesmißbrauchs auf allen Ebenen. Aus Enttäuschung über die Geburt einer zweiten Tochter statt des heiß ersehnten Sohnes beginnt der Riese an der Neugeborenen sein rücksichtsloses Unterdrückungs- und Zerstörungswerk. Ein Konglomerat der widersprüchlichsten Gefühle beherrscht den Riesen, aber auch sein Opfer, das kleine Mädchen, aus dem eine junge Frau, eine Erwachsene wird. Probleme seelischer wie körperlicher Natur belasten ihr Leben, lassen das Glück lange Jahre hinter einem Schleier aus Angst, Hoffnungslosigkeit und Schwermut verschwinden. Erst nach einer der kritischsten Phasen in ihrem Leben macht sich die Autorin auf den schmerzlichen und langwierigen Weg, ihr Leben, ihr ungelebtes Leben zu erforschen, Gefühle zuzulassen, zu bestimmen, einfach wahrzunehmen. Und siehe da, sie erreicht das vormals scheinbar Unmögliche: Lebensfreude, Glück, emotionale Wärme kehren in ihr Dasein ein. Mit großer Emotionalität, die sich auch in hohem Maße in der sprachlichen Gestaltung der kleinen märchenähnlichen Erzählung niederschlägt, sucht die Autorin Katharina Schumann den mühsamen Weg der Vergangenheitsbewältigung zu beschreiben – die Aufarbeitung einer Kindheit und Jugend, die unter vielfachem psychischen Druck und großen emotionalen Qualen tiefe Furchen und Narben in der Seele der heranwachsenden Frau hinterlassen hat. Mit jeder Zeile ihrer kleinen Erzählung aus dem eigenen Leben gewährt die Autorin den Lesern Einblicke in ihre tiefe Verstörung und deren Überwindung. Einblicke, die ähnlich Betroffenen Mut machen möchten, die ihnen einen Weg oder besser, die Möglichkeit eines Ausweges aus dem Teufelskreis der Traumata weisen könnten. In diesem Sinne ist *„Wäre ich doch ein Junge geworden"* trotz der stark ins Märchenhafte tendierenden stilistischen Ausrichtung ein Buch, das Hoffnung vermittelt, das Leben erneut in die eigene Hand zu nehmen, die Schatten der Vergangenheit zu bannen, die Zukunft jeden Tage aufs Neue zu beginnen!

Inhaltsverzeichnis

Vorwort	6
Vorwort zur 4. Auflage	7
Erzählt wird ein Märchen	11
Ein Wegbegleiter	12
Hallo, Baby	16
Der Vater	17
Brüderlein fein	20
Ersatz	22
Harmonie	23
Teenagerzeit	24
Eifersucht	25
Sex ist schlecht	26
Arme große Schwester	27
Schmutz	30
Gefühle	32
Entfernungen	34
Träume – Tränen	35
Gedanken	38
Freundin	39
Sterben	40
Aufarbeitung	41
Glücksmomente	45
Mißbrauch	46

Vorwort

Auslöser, dieses Büchlein zu schreiben, war eine Fernsehsendung am Nachmittag, eine Sendung mit Jürgen Fliege zum Thema „Mißbrauch". Es ist mir wichtig, dies nicht unerwähnt zu lassen.

Nachdem ich dieses Thema verarbeitet, verdaut hatte, fand ich den Mut, in mich hineinzuhorchen, mich zu öffnen, alles rauszulassen.

Mein Leben auf einem Stück Papier – es wurden mehrere Stücke Papier – niederzuschreiben, es nicht in einer Schublade, die irgendwann brüchig werden kann, zu verschließen.

Ich schrieb dieses Büchlein – unterlegt mit kleinen Gedichten – aus der Fülle der Eindrücke, aus dem Speicher des Gelebten, aus dem tiefen Brunnen der Ängste und Nöte, aus dem Gewölk der illusionären Empfindungen, aus dem Wetterleuchten dunkler Ahnungen.

Es ist nur ein „kleines" Büchlein
– MEIN LEBEN –

Vorwort zur 4. Auflage

Liebe Leser!

Einige Jahre sind nunmehr ins Land gegangen. Mein Buch ist nun in der 4. Auflage, was mich besonders erfreut. Zeigt es mir doch, dass viele Menschen nach rechts und links schauen, dem Thema „Missbrauch" offen gegenüberstehen.

Ich mag Ihnen gerne erzählen, wie es mir heute geht.
Bin eine sehr glückliche Frau, die angekommen ist. Angekommen nach vielen Jahren des Schmerzes, der Pein, der Ängste und Nöte.
Mit meinen Worten möchte ich Betroffenen helfen. Auch Sie können es schaffen.
Nachdem ich mein Buch geschrieben hatte, horchte ich mehr als je zuvor in mich hinein, achtete auf Signale meines Körpers. Das ist natürlich ein Prozess des Lernens, sich wieder wahrzunehmen, zu spüren und zu fühlen.
Ich erkannte nach kurzer Zeit, dass das Schreiben die Erfüllung meines Lebens darstellte.

Also begab ich mich nach Fertigstellung meines Buches auf die Reise zu meinem ICH. Meine Seele öffnete sich in einem Maße, dass nie gekannte Glücksgefühle meinen Körper durchströmten.
Alles wollte hinaus in die Welt der Poesie. Ja, ich war und bin ihr verfallen. Gerade in der Poesie kann man so vieles einbringen. Ich schreibe Gedichte über die Liebe, das Leid, über das Glück, welches so nah ist, nimmt man es nur wahr. Es klopfte ganz sanft an meine Seelentür, ich ließ es mit Freude herein.

Plötzlich, vor etwa zwei Jahren, überkam mich der Gedanke, mein Pseudonym zu lüften. Dieser so wichtige Schritt öffnete mir Türen, von denen ich dachte, sie seien für immer verschlossen oder nicht existent. Ich stellte mich der Presse, den Medien, den Menschen, frei, ohne Ängste.

Nach und nach verlor ich all meine Scheu, ging mehr und mehr an die Öffentlichkeit. Ein Schriftstellerclub wurde auf mich aufmerksam, ich wurde Mitglied und las dort zum ersten Mal aus meinem Buch, noch ein wenig verunsichert. Doch nach und nach wurde ich sicherer, Routine hielt Einzug.

Ein Radiosender zeigte Interesse, radio 4 humans in Wiesbaden interviewte mich zwei Stunden. Man kann dieses Interview täglich im WWW hören.

Die größte Freude bereiten mir meine Lesungen. Ich lese innerhalb Deutschlands, sehr gerne in den neuen Bundesländern. Erst kürzlich war ich in der Schweiz, in Zürich. Habe mich dort mit Autoren und Künstlern aus der Schweiz ausgetauscht.

Eines Tages ereilte mich eine E-Mail von einer Journalistin, die für den Burda-Verlag arbeitet. Sie war durch das Internet auf mein Buch aufmerksam geworden. Sie wollte eine Reportage über mein Leben schreiben, die in einer Zeitschrift von Burda veröffentlicht werden sollte. Ohne zu zögern stimmte ich zu. Ein paar Wochen später lese ich voller Stolz meine „Lebensgeschichte" in einer Zeitschrift.

Und kürzlich wurde mein Verlag von einem Journalisten aus den USA angeschrieben. Englischsprachige Magazine wollen für einen bebilderten Bericht mit mir ein Interview führen.

Musik bestimmte immer mehr mein Leben, spendete mir Trost in schweren Zeiten, war mein ständiger Begleiter. Nun schreibe ich Musiktexte, überwiegend Balladen, singe selbst zu den Kompositionen meines Musikproduzenten.

Auf diesem Wege habe ich Ihnen nun gerne Einblick in mein neues Leben gegeben. Ein Leben, das so lebenswert ist.

Sie sehen, es hat sich so vieles verändert, all das Negative sich ins Positive verwandelt, umgekehrt.

Zum Schluß möchte ich allen Betroffenen sagen:
   Habt Mut, öffnet Euch. Nutzt die Lobby, die Euch geboten wird.
   Dann endlich werdet auch Ihr frei, glücklich sein, wieder spüren und wahrnehmen. Frei, wie dieser kleine Vogel, der meine Lebensgeschichte erzählte.

Die Liebe möge Eure Seele streicheln ...

Erzählt wird ein Märchen

Es begann vor langer, langer Zeit – ein Märchen, in dem das Böse seine geballte Macht demonstrierte .

Eine Macht, die all ihre Kraft ausspielte. Eine Macht, die einem Menschen jede Chance auf ein lebenswertes Leben nahm, ihn fast zerstörte.

Ein Wegbegleiter

Der kleine Vogel lag fröstelnd in seinem Nest ohne Hoffnung, daß eine Mahlzeit seinen kleinen Magen füllte. Er piepste so jämmerlich. Warum piepste er nur? Er war hungrig, seine dünnen Federn vermochten den kleinen Körper nicht zu wärmen. Er horchte in sich hinein. Warum war er so allein? Er wünschte sich nur etwas Zuneigung und Geborgenheit. Niemand kümmerte sich um ihn. Alle schauten zu, versteinert wie ein Felsen. Starr, als seien ihre Flügel wie zu Eis gewordene Regentropfen, festgewachsen.

„Kleiner Vogel, beweg dich. Mach dich auf die Reise aus dem Niemandsland, wo alles erstarrt, so kalt ist, du nicht wahrgenommen wirst. Mach dich auf deinen Weg. Zeige, daß du den Mut hast, in eine Welt, die tausend von Sternenjahren entfernt scheint, hineinzuschauen. Finde den Ort, der deine Heimat werden wird, dir Schutz gibt."

Seine ersten Flügelschläge verunsicherten ihn. Oftmals mußte er Pausen einlegen, war erschöpft, traurig. Je höher er flog, übte, übte, übte, um so größer und stärker wurde seine Kraft. Er verspürte diese innere Kraft, sie trieb ihn weiter und weiter. Sein Ziel wurde ganz langsam sichtbar, nur noch *wenige Sternenjahre* entfernt.

Er flog über Wälder und Auen, über ein weites Tal, behütet von einem wunderschönen Abendrot. Noch nie war er sich so sicher. Hier wollte er Rast machen, sich ein wenig ausruhen, die Ruhe und Schönheit des Abendrotes genießen.

Ganz sanft landete er auf einer Fensterbank, sah ein Fenster, dessen Scheiben von einer Gardine, die der Wind leicht bewegte, bedeckt waren. Das Wehen des Windes ermöglichte ihm, in das Fenster hineinzuschauen. Neugierde machte sich breit. Er nutzte die Zeit bis zum Morgen – erst in den frühen Morgenstunden wollte er weiterfliegen. Schaute in ein Zimmer, das durch ein Licht dieses eigenartig erscheinenden Kronleuchters hell leuchtete. In der Mitte des Zimmers befand sich ein riesiger Tisch, viel zu groß für eine kleine Familie. An diesem Tisch, den nicht einmal eine weiße Decke und ein kleiner, freundlicher Blumenstrauß zierte, saß ein großer, starker Mann. Dem kleinen Vogel kam es vor, als sei er ein Riese.

Eine kleine, zarte Frau mit einem dicken, runden Bauch, den ihr Körper kaum zu tragen vermochte. Ein kleines Mädchen, nicht älter als zwei Jahre. Der Riese, so erschien es ihm, war von einem anstrengenden Arbeitstag heimgekommen. Er wirkte sehr müde. Die Butterbrotdose lag noch auf dem Tisch, ein überquellender Aschenbecher, die Arbeitsschuhe völlig verdreckt in einer Ecke des Raumes. Der kleine Vogel nahm regen Anteil an dem Handeln und Tun dieser kleinen Familie. Er hörte ganz aufgeregt zu. Es war alles so spannend und neu, daß sein geplanter Weiterflug am frühen Morgen seine Wichtigkeit verlor.

Die kleine, zarte Frau mit ihrem kugelrunden Bauch sah blaß und krank aus. Er fragte sich, warum sie so traurig war, er sah sie weinen. Viele Tränen – wie ein strömender Flußlauf – liefen ihre Wangen hinab, ließen ihren Körper erbeben. Warum weinte sie nur? Er dachte, daß es doch das Glück auf Erden bedeutet, ein Baby zu bekommen. Seine Vogelmama schlug freudig mit ihren Flügeln, als er geboren wurde. Sie hatten sich nur aus den Augen verloren. Er war sich sicher, daß er sie wiederfinden würde. Plötzlich sah er die Angst in den Augen der kleinen, zarten Frau. Er konnte sich nicht erklären, was in ihr vorging.

Der kleine Vogel erkannte, daß sie die Mama des etwa 2jährigen Mädchens war, ihr das Leben geschenkt hatte. Daher wußte sie doch um die Schmerzen einer Geburt.

Wovor hatte sie Angst? Der kleine Vogel wurde immer unruhiger.

Ihr Magen schmerzte, wenn sie nur daran dachte, daß sie wieder einem Mädchen das Leben schenken würde. Sie liebte es schon jetzt, dieses unschuldige Menschlein, wollte es begleiten auf seinem Weg, von dem sie ahnte, daß Pflastersteine nicht zulassen würden, ihn leicht zu gehen. Sie legte die Hände auf ihren gewölbten Leib, spürte das Leben ihres Babys. Sie verschmolzen zu einer Einheit.

Der Riese wollte unbedingt einen Sohn, setzte sie damit einem unerträglichen Druck aus. Einem Druck, der ihr die Luft zum Atmen nahm. Er übersah ihre Ängste, ignorierte sie. In seinem bisherigen Leben war er stets zu seinem Recht gekommen, hatte sich auf irgendeine Art und Weise sein Recht verschafft. Vor anderen verbarg er geschickt seine dunklen Seiten.

Als die kleine, zarte Frau versuchte, ihm vorsichtig, ganz behutsam, zu erklären, daß ein jedes Menschenkind auf dieser Erde, sei es ein Mädchen oder ein Junge, ein Recht auf ein Leben habe, hatte der kleine Vogel das Gefühl, daß sie damit einen großen Fehler beging.

Der Riese drehte sich um, ergriff eine Flasche, aus der es ganz widerlich roch, setzte sie an die Kehle, vermied eine Antwort im Ausdruck der Sprache, spülte sie mit einem riesigen Schluck hinunter.

Die kleine Frau sagte nichts mehr. Sie fürchtete sich vor seinen weiteren Reaktionen.

Erinnerte sich, daß sie ohne Grund von ihm geschlagen wurde.

Prügeln wurde zu einer seiner Lieblingsbeschäftigungen. Erst, als sie erneut schwanger war, ließ er von ihr ab.

Der kleine Vogel sorgte sich. Seine Sorgen waren so groß, so übermächtig, daß sie Einlaß fanden in den runden Bauch der kleinen, zarten Frau. Ihren Weg fanden zu einem Menschlein, welches, *noch behütet*, bald das Licht der Welt erblicken sollte.

Hallo, Baby

Nun war es soweit. Das Menschlein mußte der wohligen Wärme und Geborgenheit, der durchsichtigen, schützenden Haut, lebewohl sagen. Viele Monate erging es ihm gut. Das kleine Herzchen hielt die Belastung kaum mehr aus, klopfte immer schneller, poch, poch, poch. Es war so aufgeregt.

Plötzlich war da ein ganz eigenartiges Gefühl. Das Menschlein vermochte es nicht klar zu deuten. Was ging hier vor? Es war eine Art Widerstrebung vor dem Neuen.

In dem kleinen Köpfchen überschlugen sich die Gedanken. Werden sie mich lieb haben – hat er mich lieb?

erwünscht, keine erkenntnis, erahnen nur und hoffen,
daß menschen leben, die mich lieben

Die Hebamme hielt die Hand der kleinen, tapferen Frau, tupfte ihr die Schweißperlen von der Stirn, sah, daß ihre Augen geschlossen waren, während sie mit all ihren Kräften, die mehr und mehr nachließen, preßte. Mit der letzten, schmerzhaften Wehe glitt der kleine Körper hinaus. Die Hebamme säuberte es, wickelte es in ein steriles Tuch und legte es ihr in die Arme. Die kleine Frau öffnete ihre Augen, schlug das Tuch zurück, weinte Tränen der Verzweiflung, als sie erkannte, daß sie wieder einem Mädchen das Leben geschenkt hatte. Warum fehlte ihr nur das kleine Zipfelchen? Was würde der Riese sagen? Sie fürchtete sich so sehr vor seiner nicht kalkulierbaren Reaktion. Das Baby zitterte, es lag nicht an der Kälte des abklingenden Winters. Ängste überkamen es. Ängste, die es jahrelang verfolgen sollten – fast ein gesamtes Leben.

Der Vater

Der Riese hatte es geahnt. Große Enttäuschung machte sich breit. Wieder hatte er einen Grund gefunden, zur Flasche zu greifen. Dem kleinen Vogel kam diese Flasche, deren Inhalt so fürchterlich roch, recht bekannt vor. Ängstlich versteckte er sich in seinen Federn, sorgte sich sehr um die kleine Familie.

Die ersten Lebensjahre des kleinen Mädchen wurden bestimmt von großer Traurigkeit. Der Riese ließ sie immer wieder fühlen, daß sie kein Junge war.
    Er stellte große Anforderungen an das kleine Menschenkind. Es vermochte diese kaum zu erfüllen. Es mußte immer stark sein, stark wie ein Mann. Es konnte mit niemandem darüber reden, durfte nicht einmal weinen – drückst du schon wieder auf die Tränendrüsen? Dieses Lachen, das zum Leben gehört, hatte es längst verlernt.
    Es schwieg, als hätte ein Schock ihm die Stimme genommen. Es muckte nie auf, hat alles in sich hineingefressen. Kaute an seinen Fingernägeln, Blutstropfen benetzten das empfindliche Fleisch.

Wie gerne hätte es sich angelehnt, so gerne noch einmal die Wärme und Geborgenheit der schützenden Haut, die es einst umgab, gespürt.

Gewiß, die Zeiten waren nicht einfach, der Krieg erst wenige Jahre beendet. Um alle zu ernähren, sie, Mama und ein Schwesterchen, mußte der Riese hart arbeiten. Geld beinhaltete eine große Wichtigkeit, um die Schmerzen des Hungers zu bekämpfen.

Dem kleinen Vogel entging nichts. Der Riese – sein Gehirn wurde fast erdrückt von großer Intelligenz – war sehr schlau, gerissen wie ein Fuchs. Er hätte ein guter *Bürohengst* werden können. Seine Ausbildung zum Industriekaufmann beendete er mit „sehr gutem" Abschluß. Der kleine Vogel konnte ihn sich gut vorstellen als Chef, sitzend an einem teakholzfarbenen Schreibtisch, in dessen Schublade immer eine Flasche *„auf Reserve"* lag.

Seinen Traum konnte er nicht verwirklichen. Hat er aus diesem Grund von dem Menschenkind so viel erwartet, Übermenschliches von ihr gefordert?

Der kleine Vogel wurde wütend, sein Piepsen immer lauter. Er konnte kaum glauben, was er sah. Der Riese, der Menschen verletzte, ihnen weh tat, bestrafte ein Menschlein für seine Unfähigkeit, das Leben nicht gemeistert zu haben. Sie war doch noch so klein. Warum konnte er nicht erkennen, daß es zuviel war für ihr Herzchen, wenn er prügelte, wenn Mama weinte, auf dem kalten Boden lag. Warum mußte sich das Menschlein in die Ecke eines Raumes stellen, wenn es nicht lieb gewesen war?

Wenn ein Menschlein weint, Tränen der Angst, bedeutete dies doch nicht, daß es nicht brav gewesen war. Er litt mit ihr, wollte nicht weiterfliegen. Er wußte, daß sie ihn irgendwann brauchen, sich irgendwann nach seinem Piep – piep – piep sehnen würde. Dann wollte er bei ihr sein. Ihr mit seinem Gesang helfen, zu lachen, glücklich zu sein. Ihm war bewußt, daß ein langer, schwieriger Weg vor ihm lag.

Er war nur ein kleiner Vogel, nicht groß und kräftig wie Adler, die ihm oftmals die Vorfahrt nahmen, sich immer wieder vorgedrängt hatten bei seinem langen Flug. Seltsam, je mehr er nachdachte, um so mehr kam er zu der Überzeugung, daß er diese

Kraft in sich hatte. Er wollte diese Kraft hinauslassen, wenn seine Zeit gekommen war.

Seine Augen leuchteten, schauten, wie sehr sich die kleine, zarte Frau um ihre beiden Mädchen kümmerte, ihnen ihre Liebe zuteil werden ließ. Eine Liebe, die sie einige Zeit auch für den Riesen empfand – er konnte nicht damit umgehen, – nicht damit umgehen, wenn sein Freund „Alkohol" seine Nähe suchte. Stand diese Flasche mit dem seltsamen Inhalt nicht auf dem Tisch, zeigte der Riese Gefühle, war ein liebender Vater, konnte lachen, mit seinen Mädchen spielen.

Die Flüssigkeit, von der er mehr trank, als er vertragen konnte, veränderte sein Wesen so stark, daß bei der zarten Frau und den beiden Mädchen eine *„Angst"* die Freude, die ein Leben lebenswert macht, *mit einem Mantel überdeckte.* Der kleine Vogel wollte bei ihnen bleiben. Er durfte nicht fortfliegen, mußte versuchen zu helfen, aber wie? Seine Gedanken beschäftigten sich ausschließlich mit der kleinen, zarten Frau und ihren Mädchen. Er war ihnen sehr nah. Sie waren im Laufe einer langen Zeit seine Freunde geworden. Seine Augen beobachteten, schärfer als je zuvor, ihre weiteren Schritte.

Brüderlein fein

Sie war gerade fünf Jahre alt, als Mama ihr drittes Baby erwartete. Sie wünschte ihr so sehr, daß es ein Junge wird. Sehnte sich nach einem großen, starken Bruder, der seine Hände wie ein schützendes Dach über sie hielt. Sie hoffte, ihre Tränen würden dieses Dach nie durchdringen können.

Endlich war er da – der ersehnte Sohn.
   Ihre Hoffnung, ihr schützendes Dach, fiel zusammen wie ein Kartenhaus. Er war zu schwach, selbst unfähig, auf eigenen Füßen zu stehen.
   Wurde von dem Riesen sehr geliebt, er war ja kein Mädchen. Seine Zeit bei der Bundeswehr hatte ihn sehr verändert. Er war nicht mehr der Junge von einst, als er mit 18 Jahren das Elternhaus verlassen mußte, lernen sollte, sein Vaterland zu verteidigen, ein richtiger Mann zu werden. Nach seiner Rückkehr führte er sich auf wie ein General, der seinen Rekruten Befehle erteilt. Seine gesagten Worte klangen hart, waren beleidigend. Auch er fand einen guten Freund. Saufgelage in der Kaserne, an den Wochenenden, wo er nicht heimkam, wurden zu seinem Lebenselexier. Fast täglich schüttete er den Fusel in sich hinein.

ich habe mir so sehr gewünscht, daß du in deinem übermaß
an flüssigkeit andere getränke gewählt hättest,
starte einen versuch, sonst stirbst du durch eigene hand,
die mehr als zittert

Für sie war es nicht begreifbar, daß zuviel Liebe Schaden anrichten konnte. Er hinterließ einen großen Scherbenhaufen, zuviel, um ihn zusammenzukehren. Die Mama konnte es lange

Zeit nicht glauben, hoffte immer noch, daß er sich ändert. Er hat ihr sehr weh getan.

Oft sah sie Mama weinen, versunken in sich, in tiefem Schmerz.

Er verließ das Elternhaus, wohnte nur wenige Kilometer entfernt, besaß ein Telefon mit Selbstwähler. Kein Anschluß unter dieser Nummer? Die Leitung war seit Jahren wie tot. Heute nicht einmal mehr wissend, daß er noch eine Mutter hat, die ihn immer noch liebt, ihn nicht vergessen kann, fast zerbrochen ist an Selbstzweifeln. Sie hatte nichts falsch gemacht, ihn nur geliebt wie jedes ihrer Kinder.

Er vermied jeglichen Kontakt – Desinteresse –

hatte gehofft, das band würde nicht reißen
nach deinem weggang,
entfernungen sollten keine rolle spielen,
habe zu lange gewartet auf ein zeichen von dir,
nach jahren der trennung die erkenntnis,
ich vermisse dich nicht mehr,
ob du auch so glücklich bist wie ich?

Ersatz

Der kleine Vogel war überwältigt. Seine kleine Freundin, er nannte sie inzwischen so, erhielt wunderschöne Geschenke. Sie bekam einen Roller, Rollschuhe, ein Fahrrad, sogar Ski. Sehr schnell lernte sie, sich auf diesen Dingen zu bewegen. Plötzlich bemerkte er, daß richtige Freude bei ihr nicht aufkommen wollte. All diese Zuwendungen zählten nicht. Sie erkannte, daß diese Werte keine Werte waren, die ihr ein Gefühl des Glücks, der Zufriedenheit gaben. Der kleine Vogel litt mit ihr, spürte, daß Geschenke Liebe nicht ersetzen können.

Harmonie

Aber eines hatten sie gemeinsam. Der kleine Vogel verspürte ein sonderbares Kitzeln in seinen Ohren, sie konnte nicht glauben, was sie hörte. Der Riese konnte wunderbar singen. Ihr Herzchen öffnete sich. Starke, schöne Gefühle durchströmten den kleinen Körper – ein nie gekanntes Gefühl des Glücks. Plötzlich, ohne Vorahnung, sang sie mit. Erinnerung: *"Am Brunnen vor dem Tore"*.

Der kleine Vogel hörte andächtig zu. In beider Stimmen war ein Gleichklang, eine Harmonie zu spüren, die ihn erschaudern ließen. Sie war völlig verwirrt. Der Riese zeigte Gefühle. Ob er sie doch ein wenig lieb hatte?

Leider gab es nur wenige dieser Stunden. Wie sehr hatte sie sich gewünscht, daß es immer so weitergehe. Doch der Traum, es kam ihr vor wie ein Traum, endete schnell, mit voller Brutalität.

warum hast du mich gepflückt, wo du genau wußtest,
daß ich pflege brauche, um nicht zu vertrocknen;
welk stehe ich in einer vase,
hoffe immer noch, daß du mir Wasser gibst.

Der kleine Vogel spürte, wie schlecht es ihr erging. Sein verzweifeltes Piep – piep – piep hatte sie nicht erreichen können. Wie sollte er sich sonst zu erkennen geben? Er fühlte, daß sie eine Mauer umgab, eine Mauer, die er noch nicht durchdringen konnte.

Teenagerzeit

Jahre waren inzwischen ins Land gegangen. Sie entwickelte sich zu einem hübschen Mädchen, ein toller Teenager. Nach außen stark wie eine tausend Jahre alte Eiche, innen jedoch immer noch hilflos und verzweifelt.

Irgendwann, der kleine Vogel war sichtlich überrascht, machte sie sich auf den Weg, es dem Riesen zu beweisen. Plötzlich entdeckte sie – in ihr tickte eine Uhr, die zeigte, daß es Zeit zum Aufbruch ist, tick, tack, tick, tack, Batterien halten nicht ein Leben –, womit sie Aufmerksamkeit und Anerkennung finden konnte. Es fiel ihr wie Schuppen von den Augen. Der liebe Gott hatte ihr doch eine besondere Gabe – ihre klangvolle Stimme – gegeben. Zunächst waren es kleine, behutsame Schritte. Etwas trieb sie voran – der kleine Vogel drang langsam vor – Nur *zu, du bist gut, du schaffst es!*

Mutig stellte sie sich vor Bekannte, Verwandte, Tausende von Menschen, völlig fremde Menschen in einem großen Zelt, dicht an dicht. Sie ließ ihre Stimme erklingen mit einer Inbrunst, daß selbst Unbeteiligte Tränen, die wie Rinnsale flossen, nicht unterdrücken wollten.

Als sie das „*AVE MARIA*" sang, sah sie den Riesen zum ersten Mal weinen. Für sie gab es kein Zurück. Der Gesang war ihr Leben. Niemals würde sie aufhören.

Der kleine Vogel erinnerte sich an einen ihrer unzähligen Auftritte. Seit langem hatte er seinen Ehrenplatz in der ersten Reihe gefunden. Sie war gerade 15 Jahre alt. Stand auf einer Bühne, leuchtend bunte Farben wie die Federn eines Vogelkleides, wunderschöne Dekoration, ihren gesungenen Liedern entsprechend. – Ihre Lieder *„Am Tag, als Conny Kramer starb"* und *„Mit 17 hat man noch Träume"* gingen ihm nicht mehr aus dem Sinn. Er konnte sich in ihre Empfindungen hineinversetzen. Ihre Schmerzen und Sehnsüchte fanden die Herzen der schweigenden Zuhörer. Eine große, angenehme Stille hielt Einkehr. Der kleine Vogel wagte kaum zu atmen. Als sie ihren Auftritt beendete, erhoben sich die Menschen von ihren Plätzen. Der donnernde Applaus wollte nicht enden – die leuchtende Bühne überschwemmt in einem Meer von Blumen.

– Anerkennung, Lob, Gefühle –

Diese für sie so wertvollen Dinge wollte sie sich nie mehr nehmen lassen. Ihre Existenz, ihr sonst so trauriges Leben, bestimmte nur noch die Musik. In ihr konnte sie alles einlassen. Trunken vor Glück, genoß sie diesen Zustand. Viele Monate fühlte sie sich frei und zufrieden in ihrer kleinen Welt.

musik erklingt ganz sanft, erweckt in dir schwingungen,
ganz sanft, gefühle ausleben, ganz sanft, musik,
laß mich hinunter auf den boden der realität – ganz sanft –

Eifersucht

Der kleine Vogel wurde plötzlich sehr unruhig, war ganz aufgeregt. Unvorhersehbar geschahen Dinge, die er nicht einordnen konnte. Der Riese verhielt sich sehr eigenartig. Er wurde eifersüchtig. War es Eifersucht auf den Erfolg, die Anerkennung anderer? Eifersucht auf das, was er selbst nicht erreicht hatte?

Für seine kleine Freundin begannen schwere Zeiten. Tränen und Trauer bestimmten ihren Alltag. Ihr Magen spielte verrückt. Es waren keine Hungergefühle.

Da war diese große starke Faust, die ihn zusammenpreßte. Das Essen bereitete ihr Übelkeit. Sie erbrach sich, nahm mehr und mehr ab, war nur noch ein Schatten ihrer selbst. Milch und Haferbrei, die Mama ihr kochte, konnten den kleinen Magen nicht beruhigen.

    Sie haßte diese Faust, die nicht nur ihren Magen traf. Sie traf ihren zerbrechlichen Rücken, ihren nicht voll entwickelten Busen, seine Tritte ihren Unterleib, der sich noch nicht erholt hatte von den Schmerzen der monatlichen Blutung. Sie lag zu oft auf dem kalten Küchenboden, gekrümmt vor Schmerzen, ihr zarter Körper von Wunden übersät. Sie fühlte sich wie ein Hund, den man, halb totgeschlagen auf dem kalten Asphalt liegend, übersah. Viele Wochen mußte sie das Bett hüten, war nicht mehr sie selbst. Konnte nicht einmal mehr zur Arbeit gehen, weil ihre dünnen Beinchen vor Schwäche den Dienst versagten. Ihre Arbeit, die ihr ein wenig Ablenkung verschaffte. Es gab kein Entrinnen.

Es war nicht nur der körperliche Schmerz. *Ihre Seele schrie nach Hilfe.*
    Sie schrie wieder und wieder nach Mama.

Mama versuchte es, konnte ihr nicht helfen. Die Faust traf auch sie mit großer Kraft, unbarmherzig, gnadenlos. Beide lagen sich in den Armen, festumklammernd, weinten Tränen der Verzweiflung.

Sie haßte den Alkohol, der ihn so werden ließ. Wie oft bat der Riese sie um Verzeihung, kniete vor ihr, weinte. Er versprach ihr, die Sterne vom Himmel zu holen. Seine Versprechungen waren nichts als eine große Lüge. Er hielt sich nicht an die Gebote Gottes.

Wieder und wieder diese erbarmungslose Faust. Ein immer wiederkehrender Kreislauf, dem sie nicht zu entrinnen vermochte. *Der Teufel Alkohol blieb Sieger.*

Warum traf es ausgerechnet sie, ein zartes Mädchen? Was hatte sie nur verbrochen, was brachte den Riesen so in Rage? Sie war doch immer lieb gewesen.

Wenn sie allein war, mit sich und ihrem Schmerz, faltete sie verzweifelt ihre Hände zu einem Gebet, das Mama sie gelehrt hatte: *Ich bin klein, mein Herz ist rein, soll niemand drin wohnen als Jesus allein* . Sie wollte so gerne klein sein wie eine Maus, die in ihrem Mauseloch Zuflucht fand. Wo war nur ihr Schutzengel, von dem der Pfarrer immer predigte, daß es ihn für einen jeden Menschen gibt? Hatte er sie angelogen? Wie lange wollte ihr Schutzengel noch auf seiner Wolke verweilen, am fernen Horizont? Hatte er selbst Ängste vor der Dunkelheit, Ängste, er könne sie nicht durchdringen, sie nicht finden?

Ihre Fragen verhallten in einem Nichts.

Der kleine Vogel konnte ihr nicht zur Seite stehen, wurde selbst so krank, krank durch das Miterleben eines jahrelangen Mißbrauchs der Gefühle, Mißbrauchs der Seele seiner kleinen, armen Freundin.

Sex ist schlecht

Aus dem Teenager wurde eine junge Frau. Somit die Entdeckung besonderer, unbekannter Gefühle. Die Probleme wollten nicht enden. Sie hoffte, Näheres über die Veränderung ihres Körpers zu erfahren. Ihre Klassenkameradinnen erhielten Antworten auf ihre Fragen. Die Mama versuchte mit großer Vorsicht und Einfühlungsvermögen ihre Fragen zu beantworten. Der Riese schlug mit seiner Faust auf den Tisch – so ein Quatsch: „Sollen das doch die Lehrer übernehmen." Auch diese drückten sich um die Verantwortung, wenn es um die Beantwortung der Frage ging, wie ein Baby entsteht. Mit ihren theatralischen Aussagen am Beispiel der Bienen, die von Blume zu Blume fliegen, konnte sie nichts anfangen. Über das Thema wurde nie wieder gesprochen, weder in der Schule noch Daheim. Der kleine Vogel erinnerte sich. Wie sagte der Riese immer wieder: „Ko*mm mir ja nicht mit einem Kind nach Hause.*" Wie grausam sollten sich diese bösen Worte noch auf das weitere Leben seiner Freundin auswirken!

Arme große Schwester

Dem kleinen Vogel blieb nichts verborgen. Er erkannte, daß die Schwester seiner Freundin ein Baby erwartete. Fast täglich setzte ihr diese Übelkeit zu. Ihr Busen spannte, wurde immer größer. Diesen Zustand konnte sie sich nicht erklären. Er ließ sich nicht mehr verheimlichen. Die Mama suchte mit ihr einen Arzt auf. Der Schock war groß. Sie ahnte, daß der Riese nicht zulassen würde, daß *„ein Balg"* – der kleine Vogel hatte richtig verstanden –, er nannte es so, ein Recht auf ein Leben hatte.

Sie war selbst noch sehr jung, viel zu jung für ein Baby. Um Ausreden war der Riese nie verlegen. Sie durfte das Baby nicht behalten. Der Riese begab sich mit ihr auf eine kurze Reise. Die *„Engelmacherin"*, wie er sie nannte, wartete mit ihrem schmutzigen Geschirr voller Ungeduld. Nach Rückkehr von dieser qualvollen Reise wurde der Körper der armen Schwester von Krämpfen gepeinigt. Viele Stunden der Qual. Sie mußte büßen, weil sie – *nur einmal* – einen Jungen geliebt hatte. Niemand hatte ihr etwas über Verhütung erzählt. Ihr Freund war selbst zu jung und unerfahren.

Sie schrie vor Schmerzen, das Toilettenbecken konnte ihr Blut kaum bewältigen. Ihr Gesicht überkam eine Blässe, wurde weiß wie die frisch gestrichene Wand eines Zimmers. Der kleine Vogel verlor vor Entsetzen seine Stimme. Es dauerte Stunden, bis er sich erholt hatte. Dieser brutale Riese zwang seine kleine Freundin, *zuzuschauen, es anzuschauen*. Ein Lebewesen, alles dran – ein fertiges Menschlein, ein Junge. Warum zwang er sie nur, es anzuschauen? Er drohte ihr: *„Dir geschieht das gleiche, wenn du Blödsinn machst."*

Sie befand sich wochenlang, monatelang in einem Zustand des Schocks. Zum ersten Mal in ihrem Leben verspürte sie Haß, fühlte, daß sie mit ihm fertig war, wünschte ihm die gleichen Schmerzen, die sie erleiden mußte.

Schmutz

Ihr Leidensweg war nicht beendet, setzte sich fort in einem Maße, daß es dem kleinen Vogel schwerfiel, darüber zu reden. Er wünschte sich mehr als je zuvor, stärker, größer zu sein. Seine ausgebreiteten Flügel sollten ihr Schutz geben.

Er wünschte sich so sehr, daß ihm die gute Fee, welche er aus Erzählungen kannte, nur diesen einen Wunsch erfüllt. Seine Bitte wurde nicht erhört – es war noch nicht an der Zeit.

Ein schlimmes Erlebnis, gerade 16 Jahre jung, mit dem anderen, starken Geschlecht hat seine Freundin bis heute geprägt.

Nach einem wunderschönen Konzert – ihr Chorleiter hatte nur für sie allein einfühlsame, zu Herzen gehende Lieder geschrieben; die Uraufführung wurde zum großen Erfolg, noch benebelt von Glücksgefühlen und innerer Ruhe, bot ein *„guter Bekannter der Familie"* an, sie heimzufahren. Sie war so voller Vertrauen, dachte an nichts Böses.

Er nahm einen anderen Weg. Sie war ihm hilflos ausgeliefert, er nahm ihr jegliche Bewegungsfreiheit. Ihr Hals war wie zugeschnürt, ein Gefühl des Erstickens. Nur dunkler Wald, nirgendwo ein helles Licht, *nicht einmal ein Stern* am Himmel. Sterne, die sonst leuchteten so hell und schön. *Ihre verzweifelten Schreie verhallten in der endlosen Dunkelheit.*

Niemand war da, niemand konnte sie hören, ihr helfen, der Brutalität zu entkommen.

Sie hatte nicht die Kraft, sich zu wehren. Sprang irgendwann – es kam ihr vor wie eine Ewigkeit – aus dem Auto, flüchtete zu Fuß. Es war bereits Mitternacht. Sie irrte Stunden umher. Nur mühsam fanden ihre zitternden Hände das Schloß, um die Tür zu öffnen. Völlig erschöpft, mit zerrissener Bluse, vor Tränen fast blind, betrat sie das Zimmer. Ekel stieg in ihr hoch. Sie mußte sich übergeben. Ihr war so kalt. Selbst ihr sonst so warmes Bett konnte sie nicht erwärmen. Sie fühlte sich beschmutzt wie damals im Kohlenkeller, als sie über die Brikett kroch, um ans Fenster zu gelangen, der Dunkelheit zu entfliehen. Sie war nicht brav gewesen. Fand vor innerer Qual nicht den Schlaf, den sie so sehr brauchte.

Sie wußte, daß sie niemals über das, was sie erlebt hatte, reden würde, mit niemandem.

Still, ganz leise schlich sie sich am frühen Morgen aus dem Zimmer. Schnell ab damit in die Mülltonne. Ihre schöne weiße Bluse, zerrissen wie sie selbst. Wurde nicht einmal bei der Wäsche vermißt. Sie wäre am liebsten mit hineingekrochen – *„Müll, Abfall, Vernichtung"*.

Gefühle

Irgendwann, durch eine wundersame Fügung, lernte sie einen jungen Mann kennen. Ihre Arbeitskollegin, eine gute Freundin, bat sie, das Wochenende mit ihr zu verbringen. Sie erklärte, daß sie gemeinsam am Sonntag morgen die Kirche aufsuchen müßten, unbedingt. Mehr wollte sie ihr nicht sagen. Am frühen Morgen, die Sonne weckte sie mit all ihrer Kraft und Helligkeit, machten sie sich auf den Weg. In dieser wunderschönen Kirche – der Organist auf der Empore, er hatte seinen Platz bereits eingenommen, spielte dieses bewegende Lied, Der kleine Vogel konnte sich genau erinnern: *„Ach, ich hab' in meinem Herzen da drinnen einen wundersamen Schmerz"* – trafen sich Menschen, die ihr völlig fremd waren. Die Taufe eines neuen Erdenbürgers wurde begangen. Ein junger, gut aussehender Mann hielt den kleinen Buben über dem Taufbecken. Der Kleine war so brav, schenkte mit seinen wachsamen hellblauen Augen seinem Patenonkel ein Lächeln – er lächelte zurück. Der kleine Erdenbürger fühlte – das geweihte Wasser benetzte den Flaum seines Köpfleins –, daß Gottes Segen ihn begleiten würde.

Das Lächeln dieses jungen Mannes faszinierte sie. Sie bemerkte, daß sie ihn immer wieder ansehen mußte. Es entging ihr nicht, daß auch seine Augen die ihren suchten. Plötzlich – es geschah im Unterbewußtsein – zog sie sich ein wenig zurück. Sie durfte ihn nicht zu nah an sich ranlassen, er könnte ja Schmerzen verursachen. Schmerzen, die sie nicht mehr ertragen wollte. Ihre Ängste vor der Person *„Mann"* gehörten leider zu ihrem Alltag. Vorsicht war angesagt. *Nein*, sagte ihr Verstand. Behalte deine Gefühle für dich. Sie kam nicht dagegen an. Diese Gefühle – sie wurden immer mächtiger. Sie konnte an nichts anderes mehr denken, ob er in ihrer Nähe war oder nicht. Dies mußte sie erst einmal verarbeiten. Es gab reichlich Tränen, Tränen der Freude und Erleichterung. Sie verspürte nicht mehr diesen Druck in der Magengegend. Sie fragte sich immer wieder, warum gerade ihr all die Jahre Gefühle verwehrt wurden. Gedanken machten sich breit. Wenn sie diese Gefühle behalten, leben wollte, mußte sie das Elternhaus verlassen. Der junge Mann wohnte in einer anderen Stadt, viele Kilometer entfernt. Wie sollte sie sich verhalten? Weiter unglücklich sein oder versuchen, das wenige Glück, das ihr so viel bedeutete, festzuhalten und fortzugehen. Eine Entscheidung, die ihr keiner abnehmen konnte. Sie folgte ihren Gefühlen, diesem Kribbeln im Bauch. Fühlte sich frei wie ein Schmetterling. Ihr war, als könne sie fliegen. Sie wußte, daß sie den Rest ihres Lebens mit ihm teilen wollte. Sie liebte ihn sehr, sagte vor Gott und der Welt „ja". Der Ehering an ihrem Finger, sie betrachtete ihn voller Stolz, glitzerte in der Sonne.

    Sie zeigte viel Geschick, machte aus der Wohnung ein Heim, ohne ein Heimchen zu sein.

    Sie vermißte ihn sehr, wenn er auf Dienstreise war, freute sich, wenn er anrief. Es war schön, den Klang seiner Stimme zu hören.

Der kleine Vogel flog mit ihr, gab ihr viele Jahre Schutz, Wärme und Geborgenheit. Er wußte, endlich hatte sie ihren Schutzengel gefunden.

Entfernungen

Der kleine Vogel konnte es kaum glauben. Die Entfernung, ihre große Liebe, die Zuwendung der zweiten Eltern bewirkten eine Umwandlung der Gefühle bei dem Riesen. Sie kamen sich näher. Wie sehr freute sie sich auf den Besuch in der Heimat, er sich auf den Besuch aus der Ferne. Plötzlich konnten sie miteinander reden – er hörte ihr zu. Das erste Mal in seinem Leben war er stolz auf sie. Sie war so glücklich, daß er sich für sie interessierte, an ihrem Leben teilnahm. Sie spürte, auch wenn sie dagegen ankämpfte, daß sie *nicht* fertig war mit ihm.
22 lange Jahre – eine endlose Zeit. Ob es ihm auch so weh tat wie ihr?

Träume – Tränen

Der kleine Vogel kannte sie sehr gut, konnte ihre Gedanken lesen. Sie sehnte sich sehr nach einem Baby, dem sie so viel Liebe geben wollte. Sie würde alles anders machen, es behüten vor dem Unheil der Welt. Ihr Mann wäre ein liebender Vater, dies spürte sie tief in ihrem Herzen. Doch ihr größter Wunsch wurde nicht erfüllt. Warum traf es gerade sie?

Die einst gesagten Worte des Riesen „*Komm mir ja nicht mit einem Kind*" trafen sie in ihrer Erinnerung wie ein *Keulenschlag*. Sie war noch so jung, gerade 32 Jahre alt. Jahrelange Behandlungen hatte sie über sich ergehen lassen, schmerzhafte Untersuchungen – sie verkrampfte mehr und mehr, ertrug nicht mehr diese widerlichen Finger der Ärzte, die ihren Schoß durchwühlten. Monat für Monat schöpfte sie Hoffnungen – immer wieder Enttäuschungen.

Ein Tumor – es stellte sich heraus, daß er gutartig war – sollte entfernt werden. Diese Götter in Weiß, nahmen ihr alles. Sie wurde nicht einmal gefragt. *Ihre Gebärmutter – raus und aus.* Das niederschmetternde Resultat: „*Kunstfehler*".

„Es tut uns leid", erklärte dieser Arzt, der sein Skalpell ansetzte wie ein Metzger, der von seinem Fach nichts verstand. Kollegen, die ihm zur Seite standen, bei seinem Pfusch zusahen, vergaßen an diesem Tag ihre Brille.

Auch in den folgenden Wochen waren sie von Blindheit gezeichnet. Gutachten, erstellt von führenden Kapazitäten, fünf an der Zahl, zählten nicht, nur dumme Bemerkungen. Sie war 168 cm groß, schlank, wog nur 54 kg.

Sätze wie: „*Sie sollte weiter abnehmen, wenigstens 10 kg. Sie sollte nicht so oft in den Spiegel schauen. Ihr Mann schläft doch noch mit Ihnen?*" wurden ausgesprochen ohne jegliches Mitgefühl.

Eine weitere Operation wurde dringend erforderlich. Selbst die Krankenkasse spielte ihr Spiel, lehnte eine Übernahme der Kosten ab. *Achttausend Mark* waren zuviel, um ein Leben wieder lebenswert zu machen. Sollten die wahnsinnigen Schmerzen sie ruhig weiter quälen. Hatte sie nicht schon genug gelitten?

Der Termin zur erneuten Operation stand bereits fest. Zwei Tage vor Beginn wurde sie zur *„Begutachtung"* zu einer Vertrauensärztin geschickt.

Der kleine Vogel war dankbar. Nun hatte eine Frau das Sagen, eine Frau, die fühlen, nachempfinden konnte. Er hoffte, daß seiner Freundin die Hilfe zuteil kam, die sie so sehr brauchte. Wie sehr hatte er sich geirrt – diese Vertrauensärztin, ein Teufel mit roten Haaren. Er wünschte, daß sie zurückkehrt in die Hölle. Dort sollte sie schmoren, für ihre Sünden büßen. Sie war ein schlechter Mensch, zeigte keinerlei Gefühle, kalt, eisig wie die Decke eines gefrorenen Sees.

Einen Prozeß, zu dem der Chef geraten hatte – er war Jurist – hätte sie unterstützt auf ihrem schwierigen Weg, der kleine Vogel spürte dies ganz tief drinnen, hätte sie nicht durchgestanden. Auch sie hatte Rechte. Ihre Rechte wurden mit Füßen getreten. Sie fühlte sich ohnmächtig, hilflos, verloren.

Sieger blieben die Ärzte. Sie waren die Größten. Ärzte, die einen Eid ablegten, einen Eid, der besagt, Menschen zu helfen, ihnen Leiden zu ersparen.

Der kleine Vogel sonnte sich in Glücksgefühlen. Seine Freundin wurde erfolgreich operiert. In einer anderen Klinik, von einem anderen Arzt.

Es hat lange Zeit gedauert, bis sie Vertrauen faßte. Sie kratzte ihr in Jahren mühsam gespartes Geld zusammen, um die Kosten zu begleichen. Es hatte längst seinen Wert verloren.

Das Kinderzimmer blieb leer. Die liebevolle Einrichtung verstaubt in einem Lager, bunte Teddybären, unberührt in den Regalen der Spielzeugläden. Sie weinte Tränen der Verzweiflung, wenn sie eine Mutter sah, die ihrem Baby in einem wunderschönen Kinderwagen den Sonnenschein zeigte.

Gedanken

Der kleine Vogel spürte, daß ihre Vergangenheit sie einholte. Immer wieder diese unerträglichen Erinnerungen. Sie wollte nicht mehr, hatte kaum noch Kraft, trug sich mit dunklen Gedanken. Sie sah sich außerstande, mit ihrem Mann zu schlafen. Sie fühlte sich von seinen Gefühlen erdrückt. Er fing sie auf, sprach ihr Mut zu, gab ihr Hoffnung – es war nicht einfach für ihn. Ohne ihn wäre sie zerbrochen wie ein Glas.

anlehnen an die schulter, berühren der hände,
die mir so vertraut
– kuscheln ,– als fiele ich in tiefe kissen, umhüllt von wolken,
die keine macht haben, sonnenstrahlen durchdringen sie, bringen augen zum leuchten, wärme durchflutet den körper,
ein gefühl der zärtlichkeit

Ganz allmählich fand sie neue Kraft, wieder Freude am Leben. Diese Kraft investierte sie in ihren Beruf. Sie half Menschen, einander zu finden, welche sich durch eine Grenze, die es in diesem Land einmal gab, verloren hatten. Der kleine Vogel vermochte es kaum nachzuvollziehen, woher sie diese Energie nahm, große Sensibilität zeigte, soviel geben konnte. Ihre aufopfernde Hilfe für Menschen in Not, sie litt mit ihnen – als habe die *STASI* auch über sie eine Macht –, ging an die Substanz. Der nächste Zusammenbruch war vorprogrammiert. Wie oft hatte ihr Mann sie gebeten, kürzer zu treten. Täglich zwölf Stunden im Büro waren zuviel für eine geschundene Seele, einen Körper, der bereits seit Jahren streikte.

Sie wollte doch nur beweisen, daß sie stark, belastbar, gut war.

Freundin

Der kleine Vogel wußte, wie wichtig es für sie war, daß es jemanden in ihrem Leben gab, mit dem sie über alles reden konnte. Über ihre Ängste, Träume, ihre Sehnsüchte. Sie kannten sich seit vielen Jahren. Eine innige Freundschaft, gehalten von einem starken Band, das lange Zeit keine Risse zeigte. Diese Freundschaft bedeutete ihr alles.

Plötzlich veränderte sich ihre Freundin, entdeckte andere Gefühle. Sie sah sich außerstande, die Freundschaft aufrechtzuerhalten.

Hatte sie Kummer und Sorgen, meldete sie sich bei ihr, ging es ihr gut, nur Schweigen. Die Lebensgefährtin betrachtete sie als ihr persönliches Eigentum. Sie durfte nicht einmal wissen, daß sie bei Ihr war. Telefonate waren nicht erwünscht. Heute sitzt ihre langjährige Freundin gefangen in einem Käfig wie ein Vogel, der verlernt hat zu fliegen.

ein gespräch: nur eines von vielen, das ich mit dir führte,
habe erwartet, daß du hörst, richtig zuhörst;
deine reaktion zeigt, daß deine ohren taub sind,
vollgestopft mit eigenen problemen,
in zukunft werde ich nicht mehr dein ohrenarzt sein

Der kleine Vogel war so dankbar, daß er frei war, fliegen konnte, wohin er wollte. Er wußte, daß er seine Freundin nie aus den Augen verlieren würde.

Sterben

Die Zeit verging.

Der kleine Vogel erkannte, daß der Riese sehr krank war, zum Sterben war er zu jung. Fünfzehn lange Jahre wurde er von der kleinen, zarten Frau aufopfernd gepflegt. Sie hatte sich nicht von ihm trennen können, obwohl ihr Leidensweg lang und schwer war. Den kleinen Vogel überkamen oft Ängste, daß sie diesen Anforderungen nicht gewachsen war. Krankheiten nahmen mehr und mehr Besitz von ihrem Körper.

für mama: prägungen, zeichnungen lassen erkennen,
daß du dein leben gelebt hast,
ich sehe dich an, du warst nie schöner als heute

Der Riese starb, er wurde nur 62 Jahre alt.

Trotz aller Demütigungen, Verzweiflung und Tränen verspürte seine kleine Freundin eine tiefe Leere. Sein Leiden, eine schwere Lungenerkrankung, diese Erstickungsanfälle, die ihn bis zu seinem Tod begleiteten, hinterließen auch bei ihr Spuren.
    An seinem Grab konnte sie lange nicht stehen und reden.

ich schaue mir gräber an, obwohl sie mir angst machen vor der
endgültigkeit, dein tod zwingt mich, sie anzuschauen, ich fühle,
daß du in deinem grab ruhe und frieden gefunden hast,
die du dir so sehr wünschtest. stille und frieden geben mir
blumen und bäume, die immer wieder aufs neue die kraft des
überlebens zeigen

Aufarbeitung

Der kleine Vogel bemerkte – Zeiten hatten ihren Raum verloren –, daß es ihr immer schlechter ging. Sie fühlte sich so erschöpft und müde. Wollte nur noch schlafen, wollte nichts mehr hören, nichts sehen, nichts mehr spüren. Sie fühlte sich ausgelaugt wie ein Wäschestück, das zu lange im Bottig lag. Sie horchte in sich hinein, dachte über ihr Leben nach. Über ein Leben, das ihr nicht mehr lebenswert erschien.

Was verursachte diese immer wiederkehrenden Ängste? Ängste ohne Vorankündigung mit einer Gewalt, die sie an die Grenze ihrer Belastbarkeit drängte.

ob dich meine zeilen noch erreichen,
ob der weg nicht zu lang ist, dir zu sagen, daß ich dich liebe,
ich werde heute den brief per eilpost absenden,
eilzug, fahr schneller

Ihr Mann konnte nicht helfen, wußte nicht, was mit ihr geschah. Wie oft nahm er ihre Hand in seine Hände, um ihr Ruhe und Geborgenheit zu geben. Sie sollte sich wohl fühlen, sich darin verstecken, keine Ängste haben, sie könnten sie zerdrücken.

Er umarmte sie. Eine kurze Zeitlang genoß sie die Wärme, den Schutz seiner Umarmung. Er war bei ihr, liebte sie, litt mit ihr. Sie nahm ihn kaum mehr wahr.

Er konnte es nicht verhindern. Sie fiel in ein Loch, es war so dunkel, so tief wie der Stollen eines Bergwerks, das seine Opfer nicht freigeben will.

Was bedeuteten diese Ängste? Wollten sie etwas aussagen, etwas signalisieren? Alarmglocken läuteten mit lautem Klang zum Finale. Sie hoffte, betete, daß sie einen Arzt findet. Einen Arzt, der sie befreien würde aus den Klauen dieser grauenvollen Ängste. Ihr zur Seite steht, wenn Dunkelheit die Helligkeit verdrängte. Der kleine Vogel zitterte. Es war, als hätte ein Erdbeben der Stärke 8 den Boden aufgewühlt; tiefe Spalten – er konnte es kaum mehr ertragen – wollten von seiner Freundin Besitz nehmen. Es war schwer für sie, so schwer. Er wußte, sie mußte sich öffnen, öffnen bei einem Fremden, wo sie sich nicht einmal sich selbst öffnen konnte. Hinzu kamen diese so bitteren Erfahrungen mit Ärzten, die ihr alles genommen hatten. Was würde auf sie zukommen? Noch mehr Ängste, mehr Schmerzen, mehr Tränen?

Für sie gab es keinen anderen Weg, keine Möglichkeit des Entrinnens. Sie wollte leben, leben in Frieden, ohne Ängste, die sie fast zerstörten.

Am fernen Horizont lichtete sich der graue Nebel, ließ zu, daß ein kleiner Sonnenstrahl seinen Weg zu ihr fand.

dank an einen menschen, der versucht zu helfen, aus dem tiefen grund der ängste an die oberfläche zu schwimmen, noch ist es nicht geschafft, das gefühl, schwimmen zu lernen, tut gut und beruhigt, ich werde nicht ertrinken

Der kleine Vogel jubellierte – piep, piep, piep. „Meine kleine Freundin, laß dich drücken, spüre die Wärme meiner Federn, siehe die Farben meines bunten Kleides, siehe das schöne Licht, die Helligkeit des Lebens."

Sie hat es geschafft!

Vier Jahre, sie erschienen ihr endlos. Schwere, tiefe, intensive Gespräche, eine lange Zeit der Verzweiflung – *Aufarbeitung eines nicht gelebten Lebens*. Tosende Wellen – die sie bezwang – erbrachen sich in Tränen. Tränen, die letztlich befreiten. Für sie war es eine so kostbare Zeit. Diese Zeit – eine Ewigkeit – stellte brutale Forderungen. Mit der Brutalität kannte sie sich bestens aus. Sie nahm diese Herausforderung an. Sie zwang sie in die Knie, fühlte, daß sie niemals mehr zulassen würde, ihr weh zu tun, sie zu verletzen. Sie hatte gelernt, sich zu verteidigen.

Sie ist so stolz, betritt einen Kreis, umhüllt von durchsichtiger Haut, die einst einem Menschlein Schutz gab, sieht sich in dem Spiegelbild klar und deutlich.

ich hab, das angenehme gefühl, mich im kreis zu drehen, nirgendwo anstoßen, stöße werde ich abwehren,
vorsichtig gehe ich weiter,
in einer wunderschönen kugel habe ich meinen platz gefunden

Ausreichend Platz für ein ehrliches Lebewesen, ihren Hund, den sie so sehr liebt. Nachdem ihr Lebenswille zurückkehrte, schenkte ihr Mann ihr dieses kleine Etwas – hilflos, wacklig auf den Füßchen wie ein Baby, das seine ersten Gehversuche macht. Er möchte immer nur schmusen und kuscheln. Sie genießt diese Streicheleinheiten, gibt sie gerne zurück. Freudig hinterläßt er große Pfützen. Sie geben dem Teppichboden einen besonderen Flair.
Ihr macht es nichts aus, ihn zu reinigen, zu trocknen. Er ist nicht getränkt von Tränen.

Platz gefunden hat seit der Zeit in In-sich-Hineinhorchens auch ein kleiner Teil ihrer Gedichte, die sie bis heute in einer Schublade verschlossen hielt. Diese Gedichte finden nun Sicherheit in ihrem Büchlein, fühlen sich dort wohl und geborgen.

Sie spürt, daß sie nie mehr allein sein wird. Ihr kleiner Begleiter mit seinem bunten Federkleid, seinem wunderschönen Gesang, seinem nie mehr verzweifelten, nun immer fröhliche Piep-piep-piep hat seinen Platz, seine Heimat in ihrem Herzen gefunden.

Glücksmomente

Aus einem dunklen Loch kommend, aufsteigend ins Licht, das Leben wahrnehmend ohne Ängste. Sie ist endlich glücklich mit sich selbst.

Ich liebe mein Leben

Es hat Jahre, nein Jahrzehnte gedauert, bis ich erkannte, daß man ein Leben lieben und hassen darf, daß Leben beinhaltet: *LEBEN, LEIDEN, FREUDEN*. Daß Gefühle, ob traurig oder froh, Tränen oder ein Lächeln, zugelassen werden sollen. Auch wenn Gefühle sich in Schmerzen, Ängsten deuten. Sie haben ihre Ursachen, gehören zum Leben. Man *muß in sich hineinhorchen, fühlen, wahrnehmen.*

Mißbrauch

Ein Thema, über das, auch heute noch, oftmals der *Mantel des Schweigens* gedeckt wird. Ängste vor der Reaktion anderer verhindern, es *auszusprechen*, es *rauszuschreien*. Menschen, die es nicht durchlebt haben, können dies kaum nachvollziehen, es sich nicht einmal vorstellen. Es ist das Schlimmste, was einem Menschen widerfahren kann. Sei es ein Kind oder ein Erwachsener. Es geht um Menschen, die auf der Strecke bleiben, denen nicht die Chance gegeben wird, ihr Leben zu leben.

– Die Würde des Menschen ist unantastbar –

Erst wenn er gelüftet ist – ein *Mantel* kann *schwer* und *erdrückend* sein –, unter Mithilfe von guten *Ärzten*, allein kann man es nicht schaffen, wird es irgendwann möglich sein, sein Leben zu leben.

Es ist ein langer, steiniger Weg, geht an die Substanz. Oft trägt man sich mit dem Gedanken der Aufgabe, weil die Kraft nicht mehr reicht.

Aufarbeitung eines Lebens braucht Zeit, viel Zeit. *Diese Zeit, die so kostbar ist, sollten Sie für sich nutzen.*

Das Gefühl, es geschafft zu haben, kann Ihnen niemand nehmen.

Es ist mir ein großes Bedürfnis, Ihnen noch etwas auf Ihren weiteren Lebensweg mitzugeben:

Befreien Sie sich von dem unerträglichen Gedanken einer Mitschuld. Schuldig sind Menschen, welche Signale nicht erkennen können, nein, nicht erkennen wollen! Sie denken nur an die Befriedigung ihrer Gefühle. Diesen Menschen kann man – trotz Aufarbeitung – nicht vergeben, nur behutsam lernen zu vergessen.

Es würde mich freuen, wenn ich dazu beitragen konnte, daß auch Sie Ihren Weg finden aus der Dunkelheit. Ein Leben, das so kurz sein kann, zu leben, zu lieben. Auch wenn dieses Leben tränenreich war. Unsere Sonne – ihre Strahlen werden sehr heiß sein – wird helfen, diese Tränen zu trocknen.

Ich drücke Ihnen fest, ganz fest die Daumen. Ich bin sicher, auch Sie werden es schaffen!

Danke, daß Sie sich die Zeit – vielleicht war es eine hilfreiche Zeit – genommen haben, mein Büchlein zu lesen.